CÓMO ESCRIBIR UN EBOOK

Cómo escribir un libro electrónico

Claude HAJOS

Translated from the French book by Claude HAJOS

Del mismo autor en español

- Cómo escribir una obra de teatro

- Cómo escribir un guión

- Cómo escribir tu autobiografía

- Cómo escribir una biografía

- Vender inmuebles de lujo

- Winning Poker : el método real

- La solución a todos tus problemas

- Autobiografía - Biografía

- Obra de teatro – Guión cinematográfico

- Cómo escribir un libro electrónico

Del mismo autor en francés

- Comment écrire un roman
- Comment écrire un ebook
- Comment écrire un article
- Comment écrire une nouvelle
- Comment écrire une pièce de théâtre
- Comment écrire un scénario
- Comment écrire son autobiographie
- Comment écrire une biographie

- Les erreurs dans l'immobilier – Les erreurs des acheteurs, des vendeurs et des professionnels
- Formation promotion immobilière – Stratégie pour se lancer dans la promotion immobilière
- Formation commerciale conseil en gestion de patrimoine
- Formation commerciale pour agents, négociateurs et mandataires en immobilier

- Comment bien choisir son réseau de mandataires
- Cinq méthodes pour booster votre activité de CGP
- Vendre de l'immobilier de prestige
- Comment booster votre activité d'agent, de négociateur ou de mandataire en immobilier
- Construire sa maison – Le guide pratique
- La vente en VEFA – Stratégie pour vendre de l'immobilier neuf
- Comment créer sa propre agence immobilière
- 52 exercices pour devenir le n°1 de l'immobilier
- LA formation immobilière – Stratégie avec exercice

- Le Politicard tome 1 (*Les aventures complètement loufoques de Coco Chanoune*)
- Le Politicard tome 2 (*Y a-t-il un candidat dans la salle ?*)
- Le Politicard tome 3 (*Recherche Modjo désespérément*)
- Le Politicard tome 4 (*Vos gueules les mouettes !*)
- Le Politicard tome 5 (*Chaud devant à Brégançon*)
- Le Politicard tome 6 (*Boycott*)
- Le Politicard tome 7 (*Madame Irma*)
- Le Politicard tome 8 (*Bakchich*)
- J'aime tous les Juifs sauf ma mère...
- Deux pieds dans la chambre, un pied dans la tombe tome 1 (*Le contrat*)
- Deux pieds dans la chambre, un pied dans la tombe tome 2 (*L'exécution*)
- Deux pieds dans la chambre, un pied dans la tombe tome 3 (*Coup de théâtre*)
- Meurtres au Club Med tome 1 (*Macabre découverte*)
- Meurtres au Club Med tome 2 (*Panique à bord*)
- Meurtres au Club Med tome 3 (*Investigations*)
- Les gogos tome 1 (*Limit-up & limit-down*)
- Les gogos tome 2 (*Appel de marge*)
- Les gogos tome 3 (*Cash*)
- Comment arrondir ses fins de mois volume 1
- Comment arrondir ses fins de mois volume 2
- Comment arrondir ses fins de mois volume 3
- Les chroniques de Raoul volume 1
- Les chroniques de Raoul volume 2
- Les chroniques de Raoul volume 3
- Les chroniques de Raoul volume 4

- Poker gagnant – La vraie méthode
- La solution à tous vos problèmes

PREÁMBULO

Desde la irrupción de internet y como es obvio, el libro digital se desarrolla cada vez más, en detrimento del libro en papel.

Así, en determinados países como Japón y Corea del Sur, por citar sólo estos dos, al inicio de su escolarización, los escolares utilizan ordenadores y tabletas digitales desde temprana edad para abandonar por supuesto el papel como aún lo conocemos.

Todos los países también se están volviendo digitales gradualmente e incluso si, en lo que a nosotros respecta, el papel ciertamente tiene un futuro brillante por delante, la pregunta es cuánto durará.

Porque no se puede luchar contra el progreso, aunque siempre hubo algunos irreductibles defensores de los libros de bolsillo.

Para convencerse de ello, basta remitirse a la historia pasada para comprender, y es pura evidencia, que en un momento u otro la venta de libros en formato digital alcanzará y superará a la de libros en formato papel.

Además, este ya es el caso en Japón, Corea, Estados Unidos y en bastantes otros países.

Este también será el caso con nosotros, probablemente dentro de los próximos 5 a 10 años.

Entonces, ¿por qué no prepararse para publicar directamente digitalmente en formato PDF, sin pasar por la versión en papel?

Porque si el papel sigue ofreciendo ventajas a ojos de algunos, no pesan mucho frente a las ventajas de lo digital.

De hecho, el único argumento de los defensores del papel es el toque.

El tacto del papel... Pero aún así, no es sólo eso...

Está la sensación que uno puede tener cuando hojea las páginas de un libro...

También el placer que se puede experimentar destacándolo en una biblioteca o en una estantería...

Sin mencionar el regalo muy práctico para ofrecer, tanto a niños como a adultos...

En definitiva, tantas satisfacciones que pueden justificar objetivamente la posesión de este tipo de obras, para deleite de todos los aficionados.

*
*   *

Es bien sabido que en Francia siempre hay un poco de resistencia a la hora de afrontar los cambios.

Es parte de nuestra cultura y de nuestro temperamento.

Todos somos más o menos resistentes al progreso, especialmente cuando conduce a cambios profundos en nuestra forma de vida y nuestra forma de hacer las cosas.

Porque en verdad, si Gutenberg dio un vuelco a su época creando una nueva forma de impresión, internet y lo digital no se quedan atrás.

Y a menos que queramos oponer resistencia, no escaparemos.

Porque en realidad lo digital también ofrece muchas ventajas y si los americanos, los japoneses, los coreanos, los chinos, los indios y muchos otros países se están metiendo en ello, probablemente no sea por casualidad, ni por capricho.

Básicamente y para simplificar, con lo digital salvaremos bosques enteros de árboles destinados a ser talados para hacer papel.

Salvar bosques enteros significa más oxígeno, significa menos contaminación, significa que las cosas van en la dirección correcta.

Pero no es solo eso...

En formato digital, es posible descargarlos tanto en ordenadores como en tabletas, pero también en e-readers, tan prácticos cuando los has probado al menos una vez.

Una luz de lectura puede almacenar varios cientos de libros al mismo tiempo.

Puede leerlos en cualquier momento, bajo cualquier luz, porque los últimos modelos han mejorado tanto con respecto a los anteriores que es un poco como la noche y el día.

Además, es un dispositivo ligero, mucho más ligero que un libro y por tanto más fácil de transportar.

*

*   *

Publicar digitalmente es como escribir texto directamente desde un teclado. Así que olvídate del papel y ¡viva la pantalla!

Ahora bien, entiendo perfectamente que esto pueda desanimar a más de uno pero bueno, cada uno es libre de posicionarse como quiera.

De todos modos, si eliges publicar tus libros directamente en formato digital, el primer consejo que puedo darte es que practiques la mecanografía o la mecanografía lo más rápido posible, sin tener que retroceder las dos palabras.

Escribir rápidamente te permitirá concentrarte mejor en tu tema y, por lo tanto, ganar en eficiencia.

Porque si va mucho más lento que escribir en papel con un bolígrafo o una pluma, no tiene sentido.

El interés de publicar en e-book, vía digital, se basa principalmente en dos nociones fundamentales.

Por un lado, la velocidad. Pero de eso acabamos de hablar.

Por otro lado, el contenido del e-book y la forma de transcribirlo.

Y este es precisamente el tema de este libro, sobre todo desde la publicación en formato digital, lo sé bien.

*

* *

Si has seguido mi formación anterior, escribir un libro electrónico no debería ser un problema para ti.

Entonces, ¿qué contenido encontrarás en este libro? ¡Simplemente todo lo que aún no se ha dicho sobre los libros digitales en particular!

Todo lo que crees que sabes.

Y todo lo que no sabes.

*
*   *

1 - IMPORTANTE

Antes de llegar al meollo del asunto, solo una nota rápida.

Veo con mucha frecuencia manuales sobre cómo escribir libros digitales.

Según los autores, nada sería más fácil que escribir un libro electrónico y, por eso, se esfuerzan por explicar cómo hacerlo.

Sería suficiente para cumplir con las expectativas de la gente.

Entonces, si fuera solo eso, estoy de acuerdo, podría ser fácil.

¡Excepto que no es absolutamente nada!

En primer lugar, ¿qué significa cumplir con las expectativas de las personas?

Simplemente significa que hay personas que están buscando soluciones, para solucionar algunos de sus problemas.

Además, en todos estos libros electrónicos en los que se nos enseña a escribir, se nos insiste regularmente en la verdad eterna, a saber, que debemos encontrar soluciones a los problemas de las personas.

Lo que significa dos cosas en particular.

■ **O ya ha experimentado este tipo de problema muy específico y pudo remediarlo.**

Y desde tu propia experiencia, tratas de compartirla de manera que pueda beneficiar a otros.

Entonces en este caso sí por qué no, porque encarnas cierta legitimidad en el sentido de que conoces a tu sujeto por haberlo experimentado.

Ahora bien, todo el mundo sabe que las soluciones de unos no son necesariamente las soluciones de otros.

Pero aún así, cuando obtienes legitimidad en cualquier área, puedes y tienes el derecho de compartirla.

■ **O nunca ha experimentado este tipo de problema muy específico y por lo tanto no tiene nada que ofrecer personalmente, a falta de haber experimentado nada.**

Y es precisamente ahí donde radica el problema, porque en todos estos cursos de formación destinados a escribir un e-book, se nos dice claramente que no hace falta ser especialista en nada para poder escribir sobre todo.

A partir de ahí, ¡todo está dicho!

Porque entre nosotros...

¿Cómo puedes afirmar que eres relevante sobre algo de lo que no sabes nada?

¿Cómo quieres compartir una inexperiencia con personas que viven su problema a diario, sin que tú mismo tengas la menor idea, a falta de haber vivido lo mismo?

No, seamos serios de todos modos.

Si desea comenzar a publicar uno o más libros electrónicos, debe conocer bien su tema.

Eso es lo primero a considerar.

Porque además de hablar sobre lluvia o sol y participar en conversaciones de ferias comerciales, cuando las personas compran un libro electrónico sobre un problema muy específico, debes saber cómo hablar sobre él.

Todavía es un mínimo.

*

*   *

2 - CONOCIMIENTOS Y HABILIDADES

A partir de ahí, esto es lo que debe hacer. Haga una lista precisa en una hoja de papel o en una tabla de Excel, cualquiera que sea su área de especialización.

Estoy hablando de áreas de habilidad.

Sin conocimiento.

Porque si el conocimiento es una cosa, la competencia es otra.

▶ Por ejemplo, puedes conocer a los perros porque de vez en cuando acaricias a uno o incluso le haces sentarse y pedirle la pata mientras le cuelgas una tarta, para que te escuche mejor.

Es una cierta forma de conocimiento, basada en su propio conocimiento y su propia apreciación, de acuerdo con su experiencia personal. Por otro lado, a partir de ahí, ¿puede afirmar de forma razonable e irrefutable que es competente en el adiestramiento canino?

Porque entre los dos, hay todo un mundo.

Entonces, si en este espíritu, hubiera tenido la tentación de marcar competentes en asuntos de perros, olvídese muy rápido porque seguramente no podrá satisfacer las necesidades de sus lectores, que buscan soluciones para educar a su animal.

Lo que les quiero decir es que cuando miramos este tema, es decir la noción de competencia, el mínimo de honestidad intelectual es reconocer los propios límites y quedarse en lo que se sabe hacer bien o en todo caso, hacerlo mejor.

Y verá muy rápidamente que, incluso si mira lo suficiente, tendrá dificultades para enumerar tantas habilidades como los dedos de una mano.

Ahora bien, no confundas competencia con tener gusto por ciertas cosas.

Por corta que sea tu lista de habilidades, una lista de gustos por ciertas cosas puede ser infinitamente larga.

Por ejemplo, uno puede ser competente en algo muy concreto, cocinar por qué no y amar los coches, el fútbol, la tele, la cerveza, el tenis, el scrabble, el parapente, la guitarra, la música clásica, el jazz, el campo, el esquí, el mar, los camiones, los saltamontes, cine, elefantes, mousse de chocolate, pasta, teatro, tenis de mesa, perfumes, vino, comida rápida, restaurantes con estrellas, champagne, flores, lagos y ríos, pesca, caza, puenting, carreras de carros, etc.

Tanto como escribir y publicar e-books sobre la cocina y sus diferentes enfoques y todo lo que pueda girar en torno a ella será perfectamente legítimo, como escribir y publicar e-books sobre todo lo demás será otra cosa.

*

*   *

3 - SATISFACER UNA NECESIDAD

Hemos visto anteriormente que cuando escribimos libros electrónicos, es para satisfacer una necesidad.

Porque no estamos en una lógica de escribir una novela o una autobiografía, es decir, una ficción o una parte de uno mismo, sino de escribir un manual destinado a encontrar soluciones para solucionar problemas.

Entonces sí, cuando seas competente en una determinada disciplina, necesariamente será muy fácil hablar de ella, contar anécdotas, confiar ciertos pequeños secretos de fabricación, contar su origen y su breve historia, interesar a tus lectores y hacerlos quiero seguirte.

Porque en realidad, esto es exactamente lo que buscan sus lectores. Quieren hormigón. Quieren ejemplos. Quieren que les cuentes tu propia experiencia. Sobre todo, quieren las soluciones que usted tiene para remediar todos sus problemas.

Mientras que si no tienes ninguna habilidad en particular sino un conocimiento más o menos preciso, más o menos vago, ¿cómo quieres interesarlos, excepto para llenar páginas de peroratas inútiles?

*

* *

4 - INTENCIONES

Después de determinar en qué áreas de experiencia puede desarrollar, piense en sus intenciones.

Tal vez solo planee escribir y publicar un libro electrónico, sin ideas preconcebidas después.

Pero quizás ya tengas una idea en mente, la de montar una colección en tu campo elegido y por qué no, en esta lógica, de escribir diez o veinte libros e incluso más, en cuyo caso tendrás que pensártelo seriamente. antes de que empieces.

Te daré un ejemplo muy personal.

Antes de empezar a escribir artículos para la serie de Raoul du Tonnerre de Dieu (escribí cerca de un centenar) me planteé la cuestión de saber, por un lado, qué podría conectarme de esta manera y, por otro lado, si quisiera poder escribir tantos como quisiera.

Y eso fue lo que me llevó a elegir un tema basado en lo que llamé preguntas molestas, tratadas con cierto sentido del humor y sobre todo no tomadas al pie de la letra.

Este tipo de artículo no me lleva más de una hora y probablemente podría escribir mucho más.

Otro ejemplo muy personal.

También comencé a escribir cuentos, siempre bajo el seudónimo de Raoul du Tonnerre de Dieu.

Hoy he escrito más de quince.

Antes de comenzar, tengo un tema sobre el cual construir.

Así fue como encontré material proponiendo ideas para mejorar su fin de mes.

Hasta entonces, nada muy original porque ideas para mejorar tu fin de mes, las puedes encontrar en todas partes.

Salvo que allí, se trata de ideas nuevas y para los menos inusuales y expresadas con gran refuerzo del humor.

En resumen, ¡no debe tomarse al pie de la letra!

(Por ejemplo: cómo llegar a fin de mes convirtiéndose en secuestrador, cómo llegar a fin de mes convirtiéndose en sicario, cómo llegar a fin de mes robando un carro blindado, etc.)

Como te dije, ya he escrito quince y podría escribir muchos más sin ningún problema.

Cada cuento me toma algunas horas para escribir.

Todo esto para decirte que no es lo mismo empezar a escribir un e-book que toda una serie de e-books.

Te diré por qué solo un poco más...

Así que si has decidido darte un capricho o hacer como alguno de tus conocidos que ya han estado allí y escribir solo una vez, solo decir que no solo los demás pueden hacerlo, escribiendo un e-book no debería ser demasiado problema. Aunque...

Por otro lado, si realmente quieres embarcarte en la aventura del e-book y tienes la intención seria de escribir un cierto número de ellos, piensa bien tus intenciones e intenta proyectarte hacia adelante.

¿Qué vas a hacer después de escribir tu primer e-book?...

¿Tienes suficiente material para escribir más?...

¿Crees que serán lo suficientemente atractivos para interesar a los lectores?...

Porque, francamente, escribir y publicar libros electrónicos, solo por el placer de escribirlos y publicarlos, no es suficiente.

Cuando comienza a escribir y publicar libros electrónicos, es para cosechar las recompensas.

Fruto en forma de derechos de autor, con cada venta.

Y aquí es donde todo se complicará especialmente porque no esperes nada, pero realmente nada con la publicación de uno, dos, tres o incluso cuatro o cinco e-books.

Porque entre nosotros, si nadie te conoce, si nadie ha oído hablar de ti, si no has aparecido en la televisión o en la radio, ¿cómo esperas cobrar regalías sabiendo que no tienes ningún lector?...

La única manera de que usted tenga éxito será su productividad.

Y quien dice productividad necesariamente dice cantidad.

Excepto que no todos pueden escribir así, simplemente chasqueando los dedos. Y entenderás por qué.

*
* *

5 - PRODUCTIVIDAD Y CALIDAD

A – La calidad

► En cuanto a la calidad, lo vimos anteriormente, es absolutamente necesario que tengas habilidades reales en un campo determinado, antes de comenzar.

Y sobre todo, no hagas caso a todos esos mercachifles que te quieren hacer creer que no es un problema y que después de un tiempo sabrás más que los demás.

Solo buscan vender sus propias alineaciones, a menudo bombeadas de izquierda a derecha, sabiendo que en su mayor parte, quiero decir, la mayoría, nunca han escrito nada muy personal de lo que puedan reclamar autoría.

Intentan hacerte pensar que es fácil, pero no lo es.

Además, es porque hay una buena razón para ello.

Si no sabes cómo escribir ni siquiera un artículo simple, olvídate del libro digital, porque escribir un libro electrónico requiere las mismas habilidades y las mismas facilidades que escribir cualquier otra cosa.

Y esta es la razón por la que trato de desarrollar nuevos puntos, específicos de los libros electrónicos, ya que supongo que has seguido perfectamente mi formación anterior, que te recuerdo, no solo son muy progresivas, sino también muy prácticas.

De hecho, contienen muchos ejemplos concretos, por no hablar de un cierto número de ejercicios que le permiten asegurar un progreso constante.

B – Productividad

▶ Respecto a la productividad, aquí es donde también tendrás que asegurar un máximo.

Para comenzar a generar seguidores y asumir que está escribiendo libros electrónicos de calidad sobre temas que los lectores desean, no espere nada hasta que haya publicado al menos 20 de ellos.

Es lo mínimo de lo mínimo.

Y de nuevo, no creas que todo funcionará como un reloj.

Pero les diré más adelante, cómo explotar esta vena potencial, porque de hecho es una vena potencial.

Por el momento, todavía no hemos llegado, así que volvamos a nuestras ovejas...

Porque de hecho, hay un pequeño problema.

¿Cómo escribir al menos veinte libros sobre un tema bien enfocado?

A menos que lo conozcas bien, lo domines bien, comprendas todos sus contornos, domines sus entresijos, será pura misión imposible.

Y esta es precisamente la razón por la que anteriormente les advertí sobre esta noción de área de especialización.

Porque no te equivoques al respecto.

Si lo único que haces son tópicos entristecedores con la esperanza de conquistar, si no el corazón, las carteras de tus lectores, ni te lo pienses y no te lances por un camino sembrado de trampas y perdido de antemano.

Para interesar a los lectores hay que hacer ni más ni menos, hacer lo que te digo, es decir: contar anécdotas, confiar ciertos secretitos de fabricación, contar su origen y su historia, todas esas cosas tan personales de las que solo tú y nadie más obtuve la primicia.

Los lectores quieren contenido efectivo y original que no solo satisfaga sus necesidades, sino que también les brinde ese elemento de misterio que buscan a través de la escritura.

Así que mientras sea tuyo.

*
*   *

6 - EJEMPLO

A – Área general

Por ejemplo, tienes un trabajo pero resulta que cocinar es tu hobby, tu pasatiempo y sabes cómo hacerlo.

En este caso, probablemente no tendrá dificultad en escribir sobre el tema y alimentarlo regularmente, tanto que muy pronto estará en sus veinte libros, que, recordemos, son el mínimo necesario para poder sacar algo de provecho. beneficiarse de.

Por otro lado, si no sabes absolutamente nada al respecto y tu única habilidad es cocinar un huevo pasado por agua, puedes imaginar la complicación que se avecina, ¡hasta escribir una veintena de libros sobre el tema!

Todo esto para decirte que no saltes a ciegas.

Entonces como se hace.

Después de haber detectado tu dominio de competencia, y asumiendo que efectivamente es un dominio de competencia real, listarás en una hoja o tabla de Excel, todos los subdominios sobre los que te sentirás capaz de escribir.

B – Crear un subdominio

Volvamos al ejemplo de la cocina.

Entendemos que este no es tu trabajo, pero tienes suficiente experiencia y práctica para poder hacer valer ciertas habilidades en esta área.

A partir de ahí, podrías declinar en muchos temas por derecho propio, inherentes a la cocina en general.

Cuando los temas son muchos y variados, aquí es donde te das la mejor oportunidad de poder producir, ¡producir una y otra vez!

De hecho, la cocina es una cadena interminable con posibilidades ilimitadas.

Mejor juzgue :

La cocina de todos los países del mundo.

Los diferentes tipos de cocina.

cocina y dietas

· Platos guisados

· Platos en salsa

· Platos al horno

· Utensilios de cocina

El arte y la manera en la mesa

principios culinarios

Y así sucesivamente, ¡y lo mejor!

Además, no es casualidad que en las librerías y quioscos siempre haya muchos libros relacionados con la cocina.

Este es un tema que interesa a mucha gente, prueba de ello son todos los programas de televisión en una cantidad muy grande de canales.

Entonces, enumera todos estos subdominios en su hoja o en su tabla de Excel y, a partir de ahí, crea nuevos subdominios.

C – Establecer un sub-subdominio

Por ejemplo, si tomas como subdominio la cocina de todos los países del mundo, podrías tener cocina francesa, cocina italiana, cocina china, cocina india, etc.

Tantos subdominios como países.

¿Entendiste el punto?

De un **área general**, la cocina, se ha desglosado en **subáreas** (la cocina de todos los países del mundo, los diferentes tipos de cocina, cocinas y dietas, guisos, platos en salsa, platos de horno, utensilios de cocina, arte y modales en la mesa, principios culinarios, etc.)

De un **subdominio en particular**, por ejemplo, la cocina mundial, ha rechazado tantos subdominios como sea posible imaginar (cocina francesa, cocina italiana, cocina china, cocina india, etc.)

Ahora, tu abanico de posibilidades se ha ampliado considerablemente ya estas alturas estás seguro y seguro de poder imaginar una colección de al menos cincuenta libros.

¡Pero no está terminado!

A partir de uno de estos subdominios, todavía es posible entrar en más detalles.

Por ejemplo, si toma la cocina francesa como subdominio, nada le impide ofrecer temas y categorías específicos de la cocina y las tradiciones francesas únicamente.

Lo mismo para el subdominio cocina italiana o cocina china o india, etc.

Tus posibilidades de escribir se vuelven así casi infinitas.

D – Alimentar la colección

¡Y allí, es una gran felicidad! Porque podrás alimentar y enriquecer tu colección con un e-book por semana, una vez que te hayas acostumbrado al ritmo.

¡Un libro digital por semana equivale a 52 libros electrónicos durante un año!

Y allí, puedes decirte a ti mismo que el truco está hecho y eso es todo lo que queda por hacer.

A menos que...

No estoy aquí para decirte tonterías ni para hacerte promesas insostenibles.

¿Por qué digo esto?...

Simplemente porque en muchos cursos de formación se dice que todo lo que tienes que hacer es escribir un libro electrónico y después de eso, ¡todo funciona solo y sin hacer nada!

Nada es más falso que esta falsedad.

Por un lado, nunca rodará por sí solo y por otro lado, un e-book perdido entre millones y millones de otros e-books es como buscar una aguja en un pajar.

Así que puede que me digas que sí, pero aquí, escribí 52 y todavía no es nada.

Es cierto que 52 libros en formato digital, ya empieza a contar...

Es cierto que te habrás invertido para llegar allí...

Es cierto que es un verdadero trabajo personal...

Salvo que para rentabilizar este trabajo será necesario poner en marcha acciones.

Acciones comerciales, acciones de marketing, acciones publicitarias.

Pero justo antes de abordar estos temas, que serán objeto de un curso de formación posterior y completamente independiente, basado en las ventas, detengámonos rápidamente por un lado, en que se toma en serio el número ideal de páginas de un e-book y por otro otro lado, en su precio de venta.

*

* *

7 - EL NÚMERO DE PÁGINAS

El número de páginas es otro aspecto muy importante.

No olvidemos que este es un libro que vais a presentar en versión digital, por tanto en formato e-book, y que vuestros lectores están esperando soluciones a sus problemas.

En nuestro caso presente y para el ejemplo, tomamos el tema de la cocina.

Siendo así y cualesquiera que sean los temas o materias, no hay regla al respecto.

Esto quiere decir que puedes encontrar e-books de diez páginas y otros de cien o incluso más.

¿Entonces lo que hay que hacer?

Es solo una cuestión de sentido común.

Si afirma tener habilidades en un tema en particular, debe dar a los lectores no solo la impresión sino la certeza de que con usted aprenderán cosas que no saben.

Y sin entrar en el juego de llenar líneas, llenar los espacios en blanco, un libro serio sobre un tema serio no puede tratarse en unas pocas páginas.

Así que trate de ubicarse en varias docenas de páginas de libros, respetando la calidad de su contenido.

Varias docenas de páginas significan unas cincuenta o más.

Como regla general, cuando se trata de un tema muy específico, esto suele ser suficiente.

Pero sigue siendo un promedio y quien dice promedio dice un poco más o un poco menos.

*

*   *

8 - EL PRECIO DE VENTA

El precio de venta es lo que determinará su éxito.

Siempre y cuando, por supuesto, hayas implementado rápidamente todas las acciones mencionadas anteriormente (acciones comerciales, acciones de marketing, acciones publicitarias) porque sin ellas, nadie sabrá quién eres y qué haces.

Por lo tanto, el precio de venta asume que después de todas sus acciones, un cierto número de lectores potenciales han tomado conocimiento de sus obras.

El precio de venta también asume que han echado un vistazo más de cerca a su libro electrónico en particular que les interesa.

Así que están listos para comprarlo.

Simplemente, ¿cuál es el precio de venta ideal, el que no se arriesgaría a postergar?

■ Porque la diferencia entre un libro electrónico y uno en papel es el coste de fabricación.

Por mucho que el costo de hacer un libro electrónico pueda ser cero (si hizo todo usted mismo desde cero y no usó ninguna aplicación paga), el costo de hacer un libro en papel pesará en su precio de venta.

Para un libro en papel hay que contar, según el número de ejemplares impresos, entre un 15% (para cantidades muy grandes superiores a 50.000 ejemplares) y un 25% o incluso un 35% (en impresión por encargo como es el caso de Amazon POD, que significa Print on Demand o impresión bajo demanda)

Eso es una cosa.

■ A continuación, se deben tener en cuenta los gastos de envío.

Para un libro electrónico, son cero. (Siempre con la condición de que te ocupes tú mismo y con aplicaciones gratuitas)

Para un libro en papel, representarán hasta el 30% del precio de venta.

■ Y finalmente el margen del editor.

Para un e-book, si te ocupas de todo y si utilizas aplicaciones gratuitas, tu margen será casi del 100% ya que proporcionarás todas las funciones a la vez.

Es decir autor, diseñador, comercializador, publicista, vendedor y distribuidor.

Para un libro en papel, la editorial te dejará solo un 5% de derechos de autor cuando empieces, llegando hasta un 10% cuando seas muy conocido y puedas superar las cincuenta mil ventas por un libro y más, hasta un 15% a veces, para un autor esencial capaz de asegurar ventas de más de cien mil ejemplares por cada novedad.

Tenga en cuenta que muy pocos autores en Francia pueden presumir de tales porcentajes...

¿Todo eso para decir qué?

Sobre todo, no seas codicioso, porque haciéndolo bien, realizando todas las acciones como corresponde, lo compensarás mucho con la cantidad.

Está claro que es mejor comercializar tus e-books al precio de unos pocos euros cada uno que buscar el premio mayor, intentando venderlos a un precio desorbitado.

Tomemos un ejemplo.

Has escrito 52 libros electrónicos, gracias a tu conocimiento, tu experiencia y tu imaginación, sobre el tema de la cocina.

Son todos trabajos muy personales, en el sentido de que ni has bombeado a derecha ni a izquierda, ni has plagiado.

Has puesto en marcha todas las acciones susceptibles de darte a conocer y dar a conocer todas tus obras.

Imagina que vendes todos los días a todos tus lectores, aunque sea un solo libro digital al día, al precio de un euro cada uno.

Esto da 52 euros que te devuelven íntegro, ya que habrás configurado para ello, solo aplicaciones gratuitas.

O 1.560 euros al mes, o 18.720 euros al año.

¡Te habrán costado 52 semanas de esfuerzo para acumular una pensión anual de 18.720 euros!

Eso es solo por ejemplo con un precio de venta de un euro.

Así que imagine cómo podría verse con un precio de venta más alto. Dos euros... Tres euros...

¡Vamos, depende de ti!

Conclusión

Ahora tienes todos los elementos para comenzar a escribir tus futuros libros electrónicos.

Sobre todo, sigue los pasos con atención y no te saltes ninguno.

Tómese el tiempo necesario para llevar a cabo su investigación con el fin de recopilar el máximo de información que pueda interesar a todos sus lectores.

No dudes en pedir ayuda a cualquiera que pueda ayudarte. Ya sea tu familia, tus amigos o todas las relaciones que pueden ayudarte a avanzar en tu viaje.

Porque aunque escribir es un trabajo que se practica en solitario, las ideas suelen encontrarse en todos los stakeholders cuando encuentran un interés susceptible de hacer avanzar las cosas.

*

*   *

Pero antes de irnos, aquí hay algunos bonos particularmente útiles que te invito a leer con atención.

Los tres primeros están dedicados a la distribución de sus obras. Para ello, te muestro diferentes pistas y te digo cómo hacerlo.

El cuarto está dedicado a la mente, más precisamente al "Mind Set". Este bono es muy importante porque es la base de todo. Por un lado, se trata de su capacidad para trabajar y, por otro lado, se trata de aferrarse a su trabajo. Porque sí, incluso si escribir es un placer, el hecho es que nada se hará simplemente chasqueando los dedos.

El quinto está dedicado al trabajo de lectura y te darás cuenta de lo mucho que no es tan sencillo como parece.

El sexto está dedicado al significado de las palabras. Este bono es sumamente importante porque seguramente debes sospecharlo, cada palabra puede deparar muchas sorpresas.

La séptima por último, está llena de sentido común y precisamente, también te puede servir a ti. ¡Cuestión de sentido común!

*

*　*

BONO 1
Las ferias del libro

¿Te gusta el contacto directo?

¿Te gusta acercarte a la gente?

¿Te gusta intercambiar tus puntos de vista?

Así que piensa en las ferias del libro.

Esta puede ser una excelente manera para ti, no solo de darte a conocer, sino también de vender algunos de tus libros.

Hay muchas ferias del libro en Francia y sin duda hay algunas no muy lejos de donde vives.

Para averiguarlo, los invito a consultar el mapa de las ferias del libro en Francia en Internet, así como el calendario anual de todos los eventos. Allí encontrará todas las indicaciones y toda la información para los contactos útiles.

Con el mismo espíritu, también te recomiendo que le eches un vistazo a la guía de festivales del libro, siempre llena de buenas ideas.

Lo mejor es registrarse en varias ferias del libro, preferiblemente dentro de un radio geográfico cercano o relativamente cercano, para facilitar sus viajes.

¡Con el uso te darás cuenta de que te resultará mucho más práctico!

Dicho esto, nada te impide participar en ferias que pueden estar más lejos, pero en ciudades más grandes.

Como regla general, el registro es de pago, con algunas excepciones.

Por otro lado, no es caro y por lo tanto muy accesible.

Incluso hay salones que ofrecen almuerzo a sus escritores expositores. lindo no?...

Por motivos climáticos, la mayoría de ferias se celebran en un salón, el salón de fiestas o cualquier otro salón polivalente.

En verano, en algunas zonas, puedes encontrarlos en plena calle o en una plaza de mercado.

El material

Además de tus libros, recuerda llevar los siguientes complementos: un mantel para cubrir la mesa que te habrán asignado, un soporte para pegar un pequeño cartel A4 (21cm x 29,7cm), material de escritura, visitas en formato marcapáginas, sin olvidar comer y beber.

También planee un pequeño carrito con ruedas para cargar todo su equipo, solo para evitar lastimarse la espalda.

Porque una feria del libro dura uno o varios días enteros e inevitablemente, ¡hay que pensar en todo!

Como funciona

Bueno, es muy simple.

Llegas a la hora acordada, preferiblemente con anticipación y vas a ver al organizador que te indicará tu ubicación.

¿No te has olvidado del famoso mantel del que te hablé?... Tanto mejor porque es algo bueno.

Por un lado, para alegrar y personalizar tu mesa y por otro lado, para ocultar todo lo que pueda haber debajo de la mesa.

Es decir tu stock de libros y todo lo que te será de utilidad a lo largo del día.

Una vez que tu instalación esté lista (generalmente solo toma unos minutos) camina por todos los pasillos, por un lado para ver qué autores están exhibiendo y por otro lado, para conocerlos.

Algunos son asiduos e, inevitablemente, pueden brindarle información valiosa.

Por ejemplo sobre la frecuentación del espectáculo, sobre las brazadas del rebaño y sobre los periodos valle, etc.

También aprenderá a qué salones ir y cuáles no tienen mucho que ver.

Anuncio

Notifique a todas sus redes de su participación en sus diversos espectáculos.

Pida a todos sus amigos que transmitan y transmitan tanto como sea posible.

Si los organizadores han planeado algo especial o particular, como una guía o un boletín, envíales lo que en la jerga se llama "un papel", es decir, una breve nota de presentación de tu producción, para que ella pueda estar allí.

La publicidad es algo muy importante y no debe tomarse a la ligera.

Prueba de ello es que si marcas muy grandes y de fama mundial siguen haciendo publicidad con regularidad, probablemente no sea por casualidad.

Simplemente todo es una cuestión de medios económicos.

Aunque en su mente pueda parecer ridículo en términos de presupuesto, siempre resultará en algo en términos de rentabilidad.

Su papel en el espectáculo

Cada uno tendrá su propia estrategia y eso es normal, en la medida en que dependerá de tu temperamento y tu forma de ver las cosas.

Lo que necesita saber es que si no se mueve, es menos probable que se acerque a un lector potencial que si hace un esfuerzo por hacerlo.

Así que mi consejo es que te asegures de hacerte notar, ya sea llamando inteligentemente a los visitantes, o con gestos apropiados o lo que se te ocurra, siempre que sea natural y nunca grosero.

Porque si no te mueves, es decir, te quedas plantado todo el día en tu silla y detrás de tu mesa, no digo que no funcione, pero lo que digo es que te privarás de unas posibilidades de contacto y por tanto de venta.

Sin embargo, la finalidad de una feria del libro es, por un lado, darte a conocer y, por otro lado, vender.

Estrategia de feria comercial

Hay escritores que participan regularmente en ferias, a veces desde hace muchos años.

A fuerza de frecuentarlos, consiguen crear una especie de clientela local, formada por fieles e incondicionales, para acabar realizando unas interesantes ventas, suficientes para poner un poco de mantequilla a las espinacas al final del día.

Así que no descuides este aspecto y evita hacer una espada en el agua.

Participar en una feria del libro es una especie de logro para un escritor.

Ya no estamos en el trabajo.

Nos estamos divirtiendo.

El placer de conocer a sus lectores.

El placer de intercambiar con ellos.

El placer de dedicarles su trabajo.

Cuanto más atraiga y comunique este placer, más éxito tendrá.

Importante

Anota todos tus contactos.

Tanto los que han comprado como los que no.

En cuanto regreses, agradéceles a todos enviándoles un correo electrónico y adjuntando la portada de tus publicaciones.

Especifique también las próximas ferias comerciales a las que planea asistir, ya que esto podría dar ideas...

Además, no olvides enviarles un pequeño mensaje de pésame, durante cada evento importante, como las celebraciones de fin de año, una fecha de aniversario, etc.

Las personas son extremadamente sensibles a todas estas pequeñas atenciones que necesariamente las hacen muy felices.

¡Así que no te prives de ello porque a la larga siempre acaba dando sus frutos!

¿Cuánto puede traer?

¡Esta es **LA** famosa pregunta!

¿Cuánto pagan?...

No existe una regla general, pero sepa que sus ventas dependerán sobre todo de la organización del salón, la publicidad que se ponga para darlo a conocer y el número de visitantes.

Es muy probable que para una ciudad determinada, no tengas los mismos resultados durante tu primera o durante tu tercera feria.

Sencillamente porque al principio la gente no te conoce.

Por otro lado, frecuentándolos regularmente, verás que se concretan ventas.

Además, no es casualidad que nos encontremos en el mismo lugar y todos los años, entre compañeros escritores.

Pero para que todo esto funcione, absolutamente tiene que gustarte el contacto directo, acercarte a la gente e intercambiar puntos de vista.

*

*   *

BONO 2
Sesiones de firma

¿Te gusta el contacto directo?

¿Te gusta acercarte a la gente?

¿Te gusta intercambiar puntos de vista?

Contrariamente a lo que se pueda pensar, las sesiones de firmas no están reservadas únicamente a los escritores de renombre, los que aparecen en la televisión o los que se escuchan en la radio.

De hecho, es muy simple.

Y es gratis para ti.

Así que todos los beneficios si funciona!

En primer lugar, tienes que ir a ver a los libreros para presentarles tu obra y hablarles de ti, de lo que haces y de tu forma de ver las cosas.

Debes saber que existen librerías e incluso grandes puntos de venta dedicados a la papelería y los libros, que organizan periódicamente encuentros entre el autor y el público.

Otros, sin embargo, no lo hacen.

Puede ser porque los lugares no son adecuados (la mayoría de las veces por una cuestión de espacio) o, más simplemente, porque nadie ha pensado en ello. Como que...

Así que a ti te tocará valorarte, ponerte por delante, para conseguir ese momento tan esperado, el de encontrarte con tus futuros lectores.

Para encontrar las señales, simplemente búscalas en tu ciudad o, en cualquier caso, no muy lejos de tu lugar de residencia.

Como funciona

Verás, es notablemente simple.

Una vez que llegas al comerciante, te sientas en el lugar que habrá sido reservado para ti.

Por lo general, cuando los libreros practican habitualmente estos encuentros entre el autor y el público, siempre tienen reservado un lugar, la mayoría de las veces suficientemente cómodo y de fácil acceso.

No obstante, no dudes en aportar tu punto de vista personal, si ves posibles mejoras.

No hace falta decir que llegas lo suficientemente temprano para estar listo en las mejores condiciones posibles.

¡Y hay más que!...

Anuncio

Notifique a todas sus redes de su participación en sus diversas firmas.

Pida a todos sus amigos que transmitan y transmitan tanto como sea posible.

Si el responsable de la librería o de la tienda tiene planeado algo especial o particular, como una guía o un boletín, pásele lo que en la jerga se llama "un paper", es decir, una breve nota de presentación sobre su producción, para que puede aparecer allí.

La publicidad es algo muy importante y no debe tomarse a la ligera.

Prueba de ello es que si marcas muy grandes y de fama mundial siguen haciendo publicidad con regularidad, probablemente no sea por casualidad.

Simplemente todo es una cuestión de medios económicos.

Aunque en su mente pueda parecer ridículo en términos de presupuesto, siempre resultará en algo en términos de rentabilidad.

Tu rol

Dado que la dedicatoria pasa por la compra de tu libro, o eres conocido y esto necesariamente sucederá automáticamente, o no lo eres y te tocará convencer a tus futuros lectores.

En este contexto, no hay treinta y seis soluciones.

O no te mueves y esperas a que las cosas sucedan solas, lo cual es una posibilidad, o te mueves.

Eso es lo que te recomiendo.

Por eso te recordaba en el preámbulo que te tiene que gustar el contacto con las personas, que tienes que saber acercarte a ellas y que es fundamental intercambiar con ellas.

Porque en realidad, si nadie te conoce todavía y por una buena razón, ¿qué podría hacer que la gente quiera leerte?...

Así como el hecho de escribir no es en modo alguno una acción comercial, el hecho de vender es una estrategia comercial preparada de antemano y bien establecida después.

Así que no te quedes quieto y, con suerte, algo sucederá porque, en la mayoría de los casos, no sucederá nada.

Tienes que provocar el azar y para eso, depende de ti tomar tu destino en tus propias manos.

Estrategia

Ciertos escritores, cuando son conocidos, llegan a vender más de trescientos libros en medio día.

Todo está perfectamente dirigido y cuidadosamente cronometrado.

No hay tiempo que perder !

En lo que a ti respecta, el objetivo es que la gente te conozca y compre tu libro.

Al igual que en una feria del libro, tendrás que mostrarte, comunicar, seducir, mostrar empatía hacia tu audiencia y todo eso, con la mayor naturalidad posible.

Baste decir que la primera vez, no se ganará de antemano pero ya verás, ¡te acostumbras muy rápido!

Para un escritor, tener una firma de libros es como una especie de culminación.

No es trabajo.

Es divertido.

El placer de conocer a sus lectores.

El placer de intercambiar con ellos.

El placer de dedicarles su trabajo.

Cuanto más hagas atractivo y comunicativo este placer, más éxito tendrás.

Importante

No te será posible anotar todos tus contactos, a menos que no haya mucha gente y tengas mucho tiempo para discutir el gordo con tu interlocutor.

Por otro lado, planifica varios carteles, en formato A3 destinados a pegarse en la ventana y en formato A4 destinados a ser pegados a la vista en tu mesa de trabajo.

En el cartel, estará tu foto por un lado y la foto de portada de tu libro por el otro.

La gente necesita saber quién eres y ser capaz de reconocerte después.

Planifica también, si es posible para ti, un stock de marcapáginas con la portada de tu libro así como tu dirección de correo electrónico y no dudes en distribuirlos intensamente.

¿Cuánto puede traer?

¡Esta es **LA** famosa pregunta!

¿Cuánto pagan?...

No existe una regla general pero sepa que sus ventas dependerán sobre todo de la organización de este momento de dedicatorias, la publicidad puesta para darlo a conocer y el número de visitantes.

Pero que sepas que si por la venta de un libro te salen cinco euros por ejemplo, con diez libros ya te habrás embolsado casi cincuenta euros.

Así que imagina programar dos firmas de libros a la semana.

Te dejaré hacer los cálculos.

*
*　　*

BONO 3
Imprimiendo tu libro

Participar en ferias de libros o firmas de libros es una cosa, pero vender tus libros es otra.

Porque para eso, necesitas tener material para presentar al público.

¿Y qué es este material?...

Es simplemente el libro de bolsillo, con páginas de papel real y una hermosa portada a cuatro colores.

Sin embargo.

Todos sabemos que lanzar la producción en masa puede ser muy costoso y si al final no hay venta, no solo será una pérdida de tiempo sino también una gran cantidad de dinero desperdiciado.

Así que te voy a sugerir dos editoriales que pueden ser de tu interés en caso de que quieras participar en ferias del libro o sesiones de firmas.

Porque en estos casos, ya diferencia de los libros digitales (e-book), tu lector tendrá que poder obtener tu libro en versión papel.

Para hacer esto, necesita encontrar un editor que imprima libros individualmente.

Aparte de Amazon con su sistema Print On Demand, existen varios en el mercado, que puedes encontrar fácilmente buscando en Google.

Para su información, citaré dos de ellos.

Nunca he trabajado con estas dos casas pero aun así he oído hablar muy bien de ellas y por eso me tomo la libertad de hablar de ellas. Así en orden alfabético.

Libro bajo demanda : es una casa ya consolidada y que te permitirá, por un precio relativamente módico, imprimir tu libro.

Editions du Net : también es una casa bien establecida y que también le permitirá imprimir su libro, por un costo relativamente modesto.

Sin entrar en detalles (para eso, solo tiene que ir al sitio web de BOD - libro bajo demanda - o al sitio web de Editions du Net) digamos que tendrá toda la ayuda y asistencia para formatear su trabajo, calcular su precio de venta y determinar sus derechos de autor.

Aparte de estas dos casas que acabo de mencionar, hay muchas, así que no limites tu investigación y no dudes en explorar otras en caso de que lo consideres útil.

No solo te permitirán publicar tu manuscrito en formato digital (ebook), sino que sobre todo, te darán la oportunidad de presentar tu novela en tus eventos favoritos, ya sea en una feria del libro o en una firma de libros.

Porque entre nosotros, ¿te imaginas por un solo momento, participando en ferias literarias, sin que el público siquiera pueda hacerse con tu obra?

Durante una feria del libro y más aún durante una sesión de firmas, los lectores quieren libros en papel y no digitales.

Ese es el objetivo de este tipo de eventos, donde puedes conocer a tu autor favorito en persona, donde puedes charlar con él y donde puedes obtener una dedicatoria.

Entonces, a menos que logre ganar un contrato de publicación en buena y debida forma, por parte de una editorial seria que asumiría todos los costos de impresión, distribución y publicidad a su cargo, la única forma de lograrlo es la impresión única.

Una vez que se hayan finalizado los términos de un acuerdo con una editorial que produce copias individuales, solo necesitará pedir una cierta cantidad para sus necesidades personales, de modo que siempre tenga un stock personal a mano.

Para que para tus futuras ferias, no llegues con las manos vacías y que puedas atender todas las solicitudes.

*

*   *

Bonos 4
La mentalidad

En este bono, me gustaría mencionar una característica esencial para cualquier escritor, sea conocido o no.

Porque eso va para todos.

Si la escritura es accesible para todos, lo cierto es que para completar un libro, y este es precisamente el caso de una biografía, tendrás que mostrar cierto temperamento.

Más precisamente, de una cierta fuerza de carácter.

Esto significa que tendrás que ser capaz de resistir todas las frustraciones y bloqueos habituales.

*
*   *

De hecho, lo que te hará progresar es lo que los anglosajones llaman el mind set, es decir el estado de ánimo.

La mentalidad es la fuerza del espíritu, la fuerza del carácter, la fuerza para querer, la fuerza para seguir adelante.

Es a la vez una voluntad de éxito, un deseo loco y ardiente, un sentimiento de poder, una ausencia total de renuncia.

Es la perseverancia.

Es la terquedad.

Es "¡no nos rendimos!" »

Esa es toda la mentalidad.

Básicamente, la diferencia entre el que tiene la mente puesta y el que no, es este deseo de no soltar.

Cuando tienes la mente puesta no te rindes.

Absolutamente nada.

Además, en la escritura como en muchas otras áreas, no debes rendirte.

*

*   *

De hecho, escribir es una actividad llena de trampas.

E inevitablemente, nunca será un río tranquilo muy largo, así que prepárate para una verdadera carrera de obstáculos con toda su procesión de trampas y escollos.

A veces es difícil no soltar, rendirse en el camino, por ideas que no llegan, a menos que no sepas alinearlas, ponerlas en su lugar, para que después de un tiempo, estemos ¡siempre estancado con este sentimiento de que es demasiado difícil, demasiado complicado y que no lo hará!

Así que examinemos la siguiente presentación, para comprender la evolución lógica y natural de un curso completo de escritura.

Está el pasado.

Está el presente.

Está el futuro.

El pasado representa la suma de experiencias acumuladas.

Son las que te permitirán crear un estilo, una pluma como decimos en la jerga y llevar tu barco a donde quieras.

El futuro representa todo el trabajo que aún tendrá que realizar para finalizar su trabajo.

El resto fluye de la fuente y es obvio, porque son todas tus acciones pasadas las que determinarán tu presente.

Y es precisamente este presente el que te permitirá proyectarte hacia el futuro.

Entonces la pregunta: ¿cómo valoras tu pasado?

Simplemente estando en sintonía con la percepción de tu trabajo realizado y con la energía que deberás desplegar para alcanzar tus objetivos, es decir, la finalidad de tu acción.

*

*   *

Es bastante obvio que todos vuestros caminos, en algún momento, se cruzarán y que no existe una verdad absoluta para llegar a la situación ideal.

¿Y cuál es esta situación ideal?

Es simplemente cuando te convertirás poco a poco en el autor perfecto, el escritor ideal, el capaz de generar un millón y más de ejemplares vendidos. Quién sabe ?...

Todo ello estará guiado por tu cerebro, que es el denominador común de cualquier iniciativa, el que te impulsará a la acción.

Porque tienes que saber que cuando estás escribiendo, estás pensando constantemente.

Es vuestro pensamiento el que os guiará y el que jugará un papel decisivo, porque sin una reflexión perfectamente razonada y perfectamente meditada, no puede haber una acción fundamentada y ganadora, a medio y menos a largo plazo.

Tanto a corto plazo y con un poco de inspiración, puedes empezar sin saber muy bien a dónde vas, a largo plazo no podrás sin algo de experiencia, salvo que esa experiencia, tendrás que apropiarte de ella.

Y verás que no será tan fácil como algunos quisieran que supusiéramos.

De hecho, regularmente veo todo tipo de capacitación que le promete escribir un libro en unos pocos días (si no en unas pocas horas) y luego ponerlo en línea para obtener ingresos más o menos sustanciales.

Básicamente, se nos ofrecen dos vías.

Una es escribir y vender un libro electrónico y la otra es escribir y vender una novela.

Para el e-book, según algunos autores, todo lo que necesitas hacer es :

- elige el tema correcto...

- hacer una lista de los problemas de las personas...

- responde a su problema...

- analizar estadísticas...

- construye el plan de tu e-book...

- crear la estructura adecuada...

- reformular los títulos...

Etc.

De hecho, estas son solo generalidades y muy inteligente que puede escribir su primer libro electrónico siguiendo tales banalidades y aún más para venderlo.

Para la novela no es mucho mejor, ya que según algunos autores, así debe hacerse:

- selecciona temas inspiradores...

- establecer una trama de la historia...

- construir un escenario detallado...

- Supervisar la construcción de los personajes...

- dominar el idioma francés...

Etc.

Más generalizaciones que no llevarán absolutamente a ninguna parte, te lo puedo garantizar, porque ningún escritor de éxito procede así.

Además, si este tipo de receta pudiera funcionar, nadie tendría más problemas con la famosa página en blanco, ya sabes, esta página desesperadamente vacía que pasamos horas contemplando, esperando que suceda.

Dicho esto, te puedo garantizar que siguiendo los consejos de esta gente que no ha escrito mucho más que copiar/pegar y bueno no es complicado, no podrás ¡Nada!

Sepa más bien que la escritura es una verdadera carrera de obstáculos. En este sentido, tendrás que sortear muchos escollos para no caer en encrucijadas y encontrar ciertos consejos para avanzar en tu proyecto literario.

Y aquí es precisamente donde tendrás que saber canalizar toda tu energía y toda tu atención, teniendo una mente sólida, infalible, para que puedas avanzar en tu proyecto hasta finalizarlo.

Y sin esta fuerza de carácter, sin este estado mental tan particular y tan determinante, sin este famoso modo de pensar, nunca podrás tener éxito.

Pero luego te diré cómo hacerlo y sobre todo cómo cultivarlo. ¡Y verás que a partir de ahí, todo te estará permitido!

*

* *

Bono 5
Trabajo de lectura

Trabajo de lectura, no trabajo de revisión.

Mientras que el trabajo de revisión es extremadamente importante, porque ahí es donde puedes detectar cualquier cosa que esté mal, porque ahí es donde puedes hacer las mejoras necesarias, el trabajo de lectura no es menos importante.

Entonces, ¿qué es una tarea de lectura?

Leer para un escritor es como hacer escalas para un pianista o practicar tiros libres para un futbolista.

En cada especialidad se requiere una formación regular.

Y eso vale para todas las áreas.

Escribir no es una excepción a la regla y para progresar, tendrás que leer y volver a leer. ¡Este es exactamente el trabajo de leer!

*

*   *

Mientras qu'el trabajo de revisión es extremadamente importante, porque ahí es donde puedes detectar cualquier cosa que esté mal, porque ahí es donde puedes hacer las mejoras necesarias, el trabajo de lectura no es menos importante.

Entonces, ¿qué es una tarea de lectura?

Leer para un escritor es como hacer escalas para un pianista o practicar tiros libres para un futbolista.

En cada especialidad se requiere una formación periódica.

Y eso vale para todas las áreas.

Escribir no es una excepción a la regla y para progresar, tendrás que leer y volver a leer. ¡Este es exactamente el trabajo de leer!

*

*   *

Bonos 6
El significado de las palabras

En este bono, abordaré un punto muy importante, a saber, el significado de las palabras o, si lo prefiere, su significado.

Según algunos, el idioma francés se compone de unas treinta mil palabras comunes.

Escuchando a los demás, habría diccionarios que incluso podrían reunir cien mil.

Salvo que no hay obra que no trate específicamente este tema y que a partir de ahí, todas las hipótesis están abiertas.

Lo cierto es que el idioma francés es lo suficientemente rico como para que nunca te quedes sin palabras.

Lo que también es cierto es que no es posible conocerlos todos.

Sobre todo porque el lenguaje está en constante evolución y cada año aparecen nuevos.

Lo que podemos decir, y casi sin equivocarnos demasiado, es que un alumno de sexto grado debería saber entre tres y cinco mil, suponiendo que se haya seguido a la perfección el currículo escolar.

Pero conocer no significa usar a diario.

Porque en la práctica, el vocabulario activo de la mayoría de las personas girará en torno a dos o tres mil palabras, sabiendo que entenderán el doble.

Aquí, toma a Víctor Hugo, un gran escritor entre los grandes.

Parece que su vocabulario activo, es decir, las palabras practicadas a diario, ascendía a no menos de cinco mil palabras.

Pero eso no es todo.

Parece que de todas sus obras, habría usado cerca de veinte mil.

¿Todo esto para decirte qué?

En primer lugar, no es Víctor Hugo quien quiere.

En segundo lugar, no trate de usar mal las palabras.

De hecho, eso es lo que he estado tratando de explicarte desde el principio.

Sobre todo, no te compliques la vida, con el pretexto de tratar de impresionar a la galería usando palabras que antes no conocías y que descubriste por casualidad, sino mantente en la sencillez y en tu campo de conocimiento.

En particular, por ejemplo, nunca uso palabras que no conozco y nunca busco sinónimos improbables, de los que nadie habrá oído hablar, salvo una excepción que confirma la regla.

Por ejemplo, si te digo *peu me chaut,* ¿eso te habla?...

Otro ejemplo, si te hablo de *un parangon de vertu,* ¿eso te provoca?...

La palabra *dais*, ¿sabes?...

Languide, ¿alguna vez te has encontrado con esta palabra?...

Une raucité, ¿alguna vez has oído hablar de ella?...

¿Sabes lo que es *une branlette*?... ¡Pero no la que estás pensando!

¿Sabes lo que significa *une anatidaephobie*?...

¿O *un vinculum*?...

Bien.

No los vamos a hacer todos porque por un lado son tantos que nos llevará varios días y por otro lado no te hará progresar en absoluto.

¿Por qué te digo esto?

Simplemente porque deben usarse con moderación y en un contexto muy específico.

Escribe siempre de acuerdo a tu target y sobre todo no trates de usar palabras aprendidas, palabras pomposas o incluso palabras en desuso.

Leer debe ser ante todo divertido.

Pero, ¿cómo quieres mantener este placer si tienes que buscar constantemente el significado de una palabra, un adjetivo o incluso un sustantivo?...

En definitiva, hay que conseguir que el lector quiera pasar las páginas y no hacer el esfuerzo de ir de un diccionario a otro.

Vamos, aquí tienes el significado de estas famosas palabras, que mucha gente desconoce.

Peu me chaut viene del verbo chaloir. Significa que no me importa.

Un parangon de vertu es un modelo de virtud.

Un *dais* es una estructura que puede ser de madera o tela y que se extiende sobre un altar, un púlpito o una cama.

Languide tomado en sentido literario, significa lánguido, lánguido.

Une raucité es el carácter de lo que es ronco. La voz ha perdido su ronquera.

Une branlette es una técnica de pesca. Todo está en el movimiento. Como que !...

Une anatidaephobie es simplemente el miedo a ser observado por un pato, en cualquier parte del mundo. (¿Sorprendente no?)

Un vinculum es la barra de fracción en una división.

*

*   *

Bonos 7
Un recordatorio muy importante

De hecho, este bono es solo un recordatorio.

Pero un recordatorio tan importante que tenía que decírtelo por última vez.

Porque pronto, este entrenamiento terminará.

Y luego dependerá de ti.

Dependerá de usted sentarse frente a su teclado.

Ves lo que quiero decir ?...

Todavía no ?...

Así que aquí hay otro ejemplo que debería ayudarlo a comenzar.

Atención ! ¡Respira! Se fue !

Sin honor pero precaria, sin libertad pero provisional, hasta el descubrimiento del delito; sólo inestable, como para el poeta la víspera celebrado en todos los salones, aplaudido en todos los teatros de Londres, ahuyentado al día siguiente de todas las guarniciones sin poder encontrar una almohada sobre la que apoyar la cabeza, girando la rueda de molino como Sansón y diciendo como él: "Los dos sexos morirán cada uno por su lado"; excluidos incluso, salvo en los días de gran desgracia en que la mayor parte se juntaba en torno a la víctima, como los judíos en torno a Dreyfus, de la simpatía -a veces de la sociedad- de sus semejantes, a los que daban el disgusto de ver lo que 'son', retratado en un espejo, que ya no los halaga, acusa todos los defectos que no habían querido notar en sí mismos y que les hace comprender que eso que llamaban su amor (y al que, jugando con la palabra, tenían, por sentido social, anexado todo lo que la poesía, la pintura, la música, la caballería, el ascetismo, pudieran añadir al amor) deriva no de un ideal de belleza que 'ellos eligieron, sino de una enfermedad incurable; como los judíos otra vez (salvo unos pocos que sólo quieren asociarse con los de su raza, tienen siempre en la boca las palabras rituales y los chistes consagrados) huyendo unos de otros, buscando a los que más se oponen a ellos, que no se no los quiero, perdonando sus desaires, embriagándome de su complacencia; pero también reunidos con sus iguales por el ostracismo que los golpea, el oprobio en que han caído, habiendo terminado por tomar, mediante una persecución similar a la de Israel, las características físicas y morales de una raza, a veces hermosa, a menudo terrible. , encontrando (a pesar de todas las burlas con que el que, más mezclado, mejor asimilado a la raza contraria, es relativamente, en apariencia, el menos invertido, abruma al que ha permanecido más así), una relajación en la frecuentación de sus semejantes, y hasta un apoyo en su existencia, para que, negando que sean una raza (cuyo nombre es el mayor insulto), los que logran ocultar que lo son, los desenmascaran voluntariamente, menos para dañarlos, que no odian, que disculparse, y yendo a parecer un médico de apendicitis por la inversión hasta en la historia, complaciéndose en recordar que Sócrates fue uno de ellos, como dicen los israelitas de Jesús, sin pensar que no había anormales cuando la homosexualidad era la norma, ningún anticristiano antes de Cristo, ese solo reproche hace el crimen, porque dejó sólo a los que eran refractarios a toda predicación, a todo ejemplo, a todo castigo, en virtud de una disposición innata tan especial que es más repugnante para los demás hombres (aunque puede ir acompañada de altas cualidades morales) que ciertos vicios que la contradicen como el hurto, la crueldad, la mala fe, mejor entendidos, por lo tanto más excusados por los hombres ordinarios; formando una masonería mucho más extensa, más eficaz y menos sospechosa que la de las logias, porque descansa sobre una identidad de gustos, necesidades, hábitos, peligros, saberes, conocimientos, tráfico, glosario, y en la que los mismos miembros, que no quieren conocerse, se reconocen inmediatamente por signos naturales o convencionales, involuntarios o queridos, que señalan a uno de sus semejantes a el mendigo en el gran señor al que le cierra la puerta de su coche, el padre en el prometido de su hija, el que ha querido curarse, confesar, el que ha tenido que defenderse, en el médico, en el cura, en el abogado que fue a buscar; todos obligados a proteger su secreto, pero teniendo su parte de un secreto ajeno del que el resto de la humanidad no sospecha y que hace que les parezcan fieles las más inverosímiles novelas de aventuras, porque en esta vida romántica, anacrónica, el embajador es un amigo del presidiario: el príncipe, con cierta libertad de porte que da una educación aristocrática y que no tendría un tembloroso pequeñoburgués al dejar a la duquesa, va a conferenciar con apache; parte réproba de la colectividad humana, pero parte importante, sospechosa donde no lo es, exhibida, insolente, impune donde no es adivinada; contando adherentes en todas partes, en el pueblo, en el ejército, en el templo, en las galeras, en el trono; viviendo finalmente, al menos un gran número, en la intimidad acariciadora y peligrosa con los hombres de la otra raza, provocándolos, jugando con ellos a hablar de su vicio como si no fuera suyo, juego que se devuelve fácil a través de la ceguera o falsedad ajena, juego que puede prolongarse durante años hasta el día del escándalo en que estos domadores son devorados; hasta entonces obligados a ocultar su vida, a desviar la mirada de donde quisieran fijarse, a fijarla en aquello de lo que quisieran apartarse, a cambiar el género de muchos adjetivos en su vocabulario, coacción social, luz con en cuanto a la coacción interior que su vicio, o lo que impropiamente se llama así, ya no les impone respecto de los demás sino de sí mismos, y de tal modo que a ellos mismos no les parece vicio.

¡Uf!...

Es, sin duda, la frase más larga de toda la historia de la literatura francesa.

Está tomado de una obra de Marcel Proust.

¿Lograste leerlo?

No es seguro...

Esto es para decirle que no se involucre en oraciones infinitamente largas.

A riesgo de desanimar a todos sus lectores.

¡Haz frases cortas!

Oraciones de una o dos líneas, a veces tres y rara vez más.

*

* *

.